AF592577

6 MAI 1864 99 PN

Collection de feu M. le Comte d'AU....

ESTAMPES

VENTE

Les Vendredi 6 et Samedi 7 Mai 1864

HOTEL DROUOT, SALLE N° 3

A UNE HEURE

EXPOSITION PUBLIQUE

Le Jeudi 5 Mai 1864, de 1 heure à 5 heures.

M

Me DELBERGUE-CORMONT, Commissaire-Priseur.
M. ROCHOUX, Marchand d'Estampes.

RENOU & MAULDE

IMPRIMEURS DE LA COMPAGNIE DES COMMISSAIRES-PRISEURS

Rue de Rivoli, 144.

CATALOGUE

D'ESTAMPES

COMPOSANT LA COLLECTION

De feu M. le comte d'AU....

PIÈCES DIVERSES

PORTRAITS

PIÈCES HISTORIQUES

ŒUVRES D'ARTISTES NORMANDS

Bacheley, Hyacinthe Langlois, Michel Lasne, Lemire, Sarrabat;

Plans et Vues de Villes de Normandie et de leurs Monuments

COLLECTION DES PLUS CURIEUSES

DE

PORTRAITS DE CHARLOTTE CORDAY

LA VENTE AURA LIEU

HOTEL DES COMMISSAIRES-PRISEURS

Rue Drouot, n° 5

SALLE N° 3, AU 1er ÉTAGE

Les Vendredi 6 et Samedi 7 Mai 1864, à 1 heure.

Me DELBERGUE-CORMONT, Cre-Priseur, rue de Provence, 8,

Assisté de M. ROCHOUX, Marchand d'Estampes,
quai de l'Horloge, 19,

CHEZ LEQUEL SE DISTRIBUE LE CATALOGUE.

EXPOSITION PUBLIQUE

Le Jeudi 5 Mai 1864, de une heure à 5 heures.

1864

ORDRE DES VACATIONS

Vendredi 6 Mai :

Pièces diverses	N°	1 à 79.
Portraits		80 à 215.

Samedi 7 Mai :

Topographie de la Normandie	N°	304 à 337.
Portraits		216 à 303.
Révolution. **Charlotte CORDAY**.		338 à 398.

CONDITIONS DE LA VENTE

Elle sera faite au comptant.

Les Acquéreurs paieront, en sus des adjudications, CINQ POUR CENT, applicables aux frais.

DÉSIGNATION

DES ESTAMPES

PIÈCES DIVERSES

1 **Anonymes**. Le Singe à la mode ; la Coquette à la mode. 2 pièces, époque Louis XV.

2 — Thèse, le 8 juillet 1789, de M. Marie-Laurent Le Poulletier du Montenant, du diocèse de Rouen ; dans le haut, la Vierge et l'Enfant Jésus. Grande pièce en hauteur.

3 **Bacheley**, artiste normand. La Brûlure.

4 **Berat** (E.). Portraits, Sujets et Caricatures. 18 pièces lithographiées.

5 **Berge** (P.-V.-D.). La Sérénade mal récompensée. Pièce burlesque à la manière noire. Très-belle ép.

6 **Binck** (J.). La Vierge couronnée par un ange, d'après Alb. Durer.

7 **Bolswert**. Salvator mundi, d'après Van-Dyck. Très-belle ép.

8 **Bosse** (Abraham). La Noblesse française à l'église, d'après Saint-Igny, *D.* 1309-1331. Charmante suite de 13 pièces. Superbes épreuves avec grandes marges, *d'une extrême rareté dans une condition aussi parfaite.*

9 **Brevière**. Adresse de Ch. Bloquel et fils, à Rouen. Dans le haut, Portrait de Guttenberg.

10 **Bry** (Théodore de). Marche d'une troupe de soldats au milieu desquels on voit des prisonniers. — A droite, la Mort à cheval suit le convoi ; elle est accompagnée de deux morts à pied et portant des faulx. Pièce appelée le Triomphe de la Mort. Très-belle ép.

11 **Chalmandrier**. Benard, maître tabletier, rue Quincampoix, au port de Dieppe, à Paris. In-4. Jolie adresse.

12 **Châtelin** (F.), 1737. Cartouches époque Louis XV. 5 pièces.

13 **Decamps**. Chasse au tir dans les appartements. Lithographie originale du maître.

14 **Divers artistes normands**. Goder de Montpellier; Joseph Cange. 2 portraits gravés par Beljambe; Démocrité, par Ant. Coypel; Vignettes par Bacheley, Levasseur, Massard, Houel, etc. 12 pièces.

15 **Divers**. La Vérité présente à la Justice M. Damade Besser placé entre ses deux défenseurs, MM. Target et Elie de Beaumont. In-fol. en largeur. Ep. avant toute lettre.

16 — Le Nouveau jeu de modes françaises où sont représentés un grand nombre de costumes et coiffures de dames de l'époque Louis XVI. Dans un coin, à gauche, on voit la promenade des Champs-Élysées ; à droite, un lieu de réunion appelé Odinot. En retournant la pièce de l'autre côté, on voit, à gauche, une Académie de coiffures, et à droite, une boutique de modes. Grande pièce fort curieuse, *et très-rare.*

17 — Jeu de la marine et Jeu du grand homme. 2 grandes pièces.

18 — Vignettes d'après Eisen, Gravelot, etc. 15 p.

19 — Armoiries, gravées par Humbelot, Gouel, etc. 5 pièces.

20 — 2 pierres gravées par Mme de Pompadour, d'après Guay : saint Prosper ; sainte Clotilde ; Notre-Dame d'Andelys, etc. 13 pièces.

21 — Vignettes et Portraits, par des graveurs modernes. 17 pièces.

22 — Un H[illegible] coiffé d'un bonnet de coton, debout, ap[illegible]ntre une borne. Dessin au crayon.

23 — La Lampe de saint Michel. Sujet tiré de l'histoire du XVe siècle, par Mlle de Fauveau. Paris, Didot, 1832. In-fol., une figure.

24 — Notice sur Gérard Audran, par V. Denon. In-fol. avec figures.

25 **Drevet** *Excudit*. Compositions religieuses, plusieurs doubles. 14 pièces.

26 **Fontaine** (Jacques-Valentin). Serrurier du roi en la manufacture des Gobelins. Nouveau livre d'études et principes de serrurerie, rinceaux, rosettes, fleurons, corbeilles, feuilles de rocaille, etc. Jolie suite de 12 pièces. Très-belles ép.

27 **Fox**. 4 Vignettes pour Shakespeare; Agar reçue par Abraham, par Lecomte, d'après Van-Dyck. 5 pièces.

28 **Galerie du Luxembourg**. Contenant les principaux tableaux de l'École française depuis David. 32 pièces.

29 **Gaultier** (Léonard). 1607. Lutetia, urbs Parisiorum, petit Plan de Paris. Très-belle ép.

30 — 1606. Cérémonie du baptême du Dauphin, fils de Henri IV et de Marie de Médicis que l'on voit au milieu du haut. Pièce des plus importantes, magnifique épreuve, d'une conservation parfaite. *Extrêmement rare.*

31 — Cérémonie de mariage.

32 **Guerard** (N.). Plus on a d'amour, moins on a de sagesse; Qui compte sans son hôte, etc. 2 pièces facétieuses du temps de Louis XIV.

33 **Hurard** (Céleste). Le Taureau, d'après Paul Potter. A l'eau-forte.

34 **Langlois** (E.-H.) de Pont-de-l'Arche. Divination par les cartes; Divination par la clef (*costumes normands*), hôtel de Bourgtheroulde; le Chêne-chapelle d'Allouville; 2e Vue du Château-Gaillard des Andelys; Mercure, Cérès et l'Abondance;

M. Desmazure; Portrait d'homme dont le nom n'est pas indiqué; Élisabeth-Thomas, veuve Dupieux, âgée de 117 ans. 9 pièces.

35 — La France consolée (Retour des Bourbons) d'après Jolimont. Petit in-fol. en largeur.

36 **Langlois** (Espérance). Société de bienfaisance mutuelle d'après Brevière, encadrement.

37 **Lasne** (Michel). La Vierge et l'Enfant Jésus d'après Simon Vouet. Très-belle ép. — Contre-épreuve de la même pièce. — Sainte Marie l'Égyptienne et sainte Madelaine d'apr. Ribera. Très-belles ép.

38 — 1641. Le Christ étendu sur la pierre du tombeau; près de lui la Madelaine accoudée. Très-belle ép.

39 — *Ad omnipotentis Dei gloriam, et justorum memoriam. HP conventus parisiensis S. Francisci de Paula*, etc. Belle pièce in-fol. en hauteur.

40 — Un Maître d'hôtel apportant une volaille à des convives attablés.

Sus frans buveurs, bons gourmands;
Mangeons ce chapon du Mans, etc.

Jolie pièce. Très-belle ép.

41 — Jeune Femme assise, tenant un cahier de musique; jeune Homme assis, jouant du luth. 2 jolies pièces. Très-belles ép.

42 — Jeune Homme assis, jouant de la guitare, devant lui, une jeune femme lui faisant des caresses; les fines Ruses de l'amour; jeune femme debout, faisant de la musique. 3 charmantes pièces à costumes. Très-belles ép.

43 — Jeune homme jouant du haut-bois; Margoton dansant; le Joueur de musette; le Joueur de flûte; le Ramoneur; jeune Garçon lisant; le Picard, la bouteille et la coupe en main; 7 jolies pièces. Très-belles ép.

43 *bis*. — Entourage d'une page d'un livre d'heures; Titre et Figures pour la *Jérusalem délivrée;* saint Pierre. 13 pièces.

44 **Lemire** (N.) Grimaldi, évêque de Noyon. In-4. Très-belle ép.

45 — Henri IV dans un médaillon tenu par le Génie de la France. 2 ép. — Statue de Louis XV à Rennes; Frédéric II, roi de Prusse; Pétrarque; Montesquieu; J.-J. Rousseau, d'après Lemire. 4 ép. 10 pièces.

46 — Hue de Miroménil, médaillon sur un obélisque. charmant portrait. Dans le fond, vue de la ville de Rouen. Encadrement avec explication du monument de M. de Miroménil, par Bacheley.

47 — Jeanne d'Arc d'après un tableau de l'Hôtel de ville d'Orléans. 1re ép. avec écusson armorié au bas, et avant le changement dans la tablette.
— Une autre ép. du même état.
La même pièce. L'écusson a été enlevé, la tablette et l'inscription ont été changées.

48 — Joseph II. Charmant petit portrait. Très-belle épreuve.

49 — Lafontaine dans un médaillon entouré de figures allégorique. In-8. Très-belle ép.

50 — Louis XV en regard de Henri IV. Deux petits médaillons sur la même feuille.

— Louis XV dans un médaillon soutenu par deux Génies. Très-belle ép. avant la lettre dans la marge du bas.

— Le même. 2 ép. avec la lettre.

51 — Louis XVI d'après Duplessis. In-4. — Autre, in-8 fort joli. Très-belle ép.

52 — Louis XVI d'après Moreau jeune. Petit in-fol. Très-belle ép.

53 — Marie-Antoinette dans un petit médaillon ovale soutenu par des figures allégoriques, d'après Moreau jeune. Petit in-fol. Très-belle ép.

54 — Hilaire Mari n Rouelle d'après Fredou.

55 — Poulain Sainte-Foix. 3 ép. dont une avant l'adresse.

56 — Le général Wasinghton en pied d'après Le Paon. In-fol. Ép. avant la lettre.

— Le même avec la lettre.

— Le général La Fayette en pied d'après Le Paon. In-fol.

57 — Le Gâteau des rois (partage de la Pologne).

58 — Marine d'après G. de la Croix. Ép. avant la lettre.

59 — Vignettes et Culs-de-lampes d'après Boucher, Cochin, Eisen, Gravelot et Moreau jeune. 29 p.

Toutes ces pièces de l'œuvre de Lemire pourront être réunies en un seul lot.

60 **Lesueur** (Louis). 1772. Paysages, 8 pièces.

61 **Meryon** (C.). Le stryge ou vue de la tour Saint-Jacques prise du haut des tours de Notre-Dame. Très-belle épr. avec deux vers au bas. *Il n'a été tiré que 20 épr. de cet état.*

62 — La Tour de l'Horloge. De l'état publié par le journal l'*Artiste.*

63 **Mondhare** (A Paris, chez). 6 feuilles de balcons, à 3 motifs sur chaque feuille.

64 **Mondon** fils (D'ap) Formes rocailles et cartels. 11 pièces gravées par Aveline.

65 **Monnier** (H.). Danse fantastique, tiré du journal la *Caricature*. (Mis à l'Index sous la restauration).

65 bis **Moreau** jeune (D'après). Adorateur du seul être suprême.

66 **Moyreau.** Dona N..., maîtresse de Paul Véronèse d'après lui. Très-belle ép.

67 **Naudet** (Mlle). Repas donné le 7 mars 1806, par les marchands d'estampes de Paris, à leur confrère et ami Leclerc. Petit in-fol.

68 **Penez** (Georges). Titus Manlius faisant mettre à mort son fils, pièce fort curieuse du XVIe siècle, où l'instrument de supplice représenté est une guillotine. *Rare.* Très-belle ép.

69 **Perelle.** Vue du Val-de-Grâce du côté du jardin. Très-belle ép.

70 **Pesne** (Jean). L'Assomption d'après Nicolas Poussin. R. D. 11, 3e état.

71 — Ravissement de Saint-Paul, R. D. 12. Belle pièce d'après N. Poussin.

72 **Raimondi** (Marc-Antoine). Mars, Vénus et l'Amour. B. 345. Vers le milieu du bas le chiffre, et à droite en petits caractères : 1508, 16 D.

73 **Sænredam.** Les nos 2, 3 et 4 des quatre parties du jour d'après Goltzius, 3 jolies pièces. Très-belles ép.

74 **Sarrabat** (Isaac). Artiste normand né aux Andelys vers 1683. Le bénédicité, R. D. 5, 1er état; capucin confessant un prisonnier, 6. Le médecin aux urines, 9. Antoine Coypel, 19. Pierre de la Roche, mousquetaire du roi, 24. 5 pièces à la manière noire.

75 **Silvestre** (Israël). Château de Fresnes, F. 219, 2 pièces. Château de Verneuil, 316. 3 pièces. Très-belles ép. du 1er état.

75 bis **Toro**. Cartouches, avec entourages de trophées. 5 pièces. Très-belles épr.

76 **Tzetter** (Sam.). Le Christ en croix d'après Lebrun.

77 **Wierix** (Jean). Copies de la Mélancolie et de l'Enlèvement d'Amymone, d'après A. Durer, 2 pièces.

78 — (Jérôme). Le Christ en croix ; Jésus et la Vierge, 2 jolies petites pièces. Très-belles ép.

79 **Wille** (J.-G.). Le concert de famille d'après Schalken. Très-belle ép.

PORTRAITS

80 **Amman** (Jost). 1573 Gaspard de Coligny, beau portrait avec entourage ornementé. Au bas, scènes des massacres de la Saint-Barthélemy, in-fol. *Rare.* Très-belle ép.

81 **Anonymes**. Gerson, in-4°. Très-belle ép.

82 — Le chevalier Bayard, petit in-4. Très-belle ép.

83 — Bertrand du Guesclin, comte de Longueville, connétable de France. Il est vu de profil tourné vers la droite, et tient de la main droite une épée nue, in-4. *Rare*. Très-belle ép.

84 — François Rabelais, in-8. Très-belle ép.

85 — G. de La Primaudaye gentilhomme ordinaire de la chambre du roi, 1578. In-8 sur bois.

86 — Vers 1580. Jacques de Lalain, chevalier de l'ordre de la Toison d'or. Joli portrait in-8. Très-belle ép.

87 — 1565. Charles IX, petit portrait gravé sur bois. *Très-rare*.

88 — François de Valois duc d'Alençon, charmant petit portrait du temps. Épreuve superbe.

89 — Henri III, roi de France, petit portrait du temps, gravé sur bois.

90 — Henri III, roi de France. Il est coiffé d'une toque. On lit au bas une inscription italienne. Belle ép. avec marges.

91 — Généalogie de la maison de Bourbon depuis Saint-Louis jusqu'à Louis XIII, avec les portraits des princes et princesses, au nombre de quarante. On voit à droite : Henri IV, Marie de Médicis, Louis XIII et Anne d'Autriche en pied. Grande pièce en largeur. *Rare*. Très-belle ép.

92 — Charles de Lorraine duc de Mayenne, lieutenant général de l'État pendant la Ligue, dans un médaillon ovale entouré d'une bordure sur laquelle sont les noms et qualités du personnage, beau portrait du temps, petit in-4. Très-belle ép.

93 — Henri IV au milieu de sa famille. Petit in-fol. en largeur. Belle ép.

94 — Henri IV, roi de France, médaillon ovale, in-8.

95 — Le Révérend Père Coton, de la Société de Jésus, confesseur de Henri IV. Il tient de la main gauche une tige de lys, in-8. *Rare*. Epreuve superbe.

96 — Gédéon Tallemant, maître des requêtes, in-4. Très-belle ép.

97 — Mademoiselle Catherine de la Cadière de la ville de Toulon, in-8. *Rare*. Très-belle ép.

98 — D. D. N. de la Rue-Celloville, prêtre. In-fol. Très-belle ép.

99 — Florian, in-8.

100 — Princesse de Lamballe, in-8.

101 **Bacheley** (C.-N.). Le Cat, chirurgien en chef de l'Hôtel-Dieu de Rouen, d'après Dupont. In-8. Très-belle ép.

102 **Balechou** (J.). Le Père Porée de la Société de Jésus, in-4. Très-belle ép.

103 — Neel de Christot, évêque de Séez, d'après Aved. In-fol. Très-belle ép.

104 **Basan**. Comtese d'Aulnoi, d'après L. Cheron. Petit in-4.

105 **Beljambe**. Le baron de Wimpfems, député du bailliage de Caen ; le même, par Bonneville, 2 pièces.

106 **Benoist**. Madame Lusignan de Champignelles, veuve de Douhaut, in-8. 2 ép. avec différences.

107 **Bonnart** (à Paris, chez). François Michel, maréchal ferrant, visionnaire qui vint en 1697 à la cour pour révéler au roi des ordres secrets qu'il avait reçus d'un spectre. Grand in-4, belle ép.

108 **Bosse** (Abraham). Louis XIII à genoux devant un crucifix, petit in-fol. Belle ép.

109 **Bouchardy** et **Chrétien** (physionotrace). Richard Seguin, né à Vire; Louis Dubois, bibliothécaire de l'école centrale du département de l'Orne, 2 portraits.

110 **Boudan** *excud.* Marie Stuart, reine de France et d'Ecosse, joli portrait petit in-4; dans le fond à droite on voit la représentation de son supplice. *Rare.* Très-belle ép.

111 **Boulanger**. Prince de Conti, joli portrait in-8. Très-belle ép.

112 **Burgmaïr**. Robert, roi de France, Charlemagne. 2 pieces sur bois.

113 **Callot** (Jacques). Charles-Dieudonné Delorme, médecin, « *l'une des plus fines et de plus jolies eaux fortes du maîtres.* » Meaume 506, 2e état. *Rare.* Très-belle ép.

114 **Carpentier**. Mirabeau à la tribune d'après Allais. Petit in-fol. Très-belle ép.

115 **Carpentier** (C. Le). Honoré Fragonard, charmant portrait à l'eau forte, in-4. Très-belle ép.

116 **Cars** (Laurent). Michel Anguier de la ville d'Eu, sculpteur du roi, d'après Revel. In-folio. Très-belle ép.

117 **C. G.** Titre de *Mécométrie de Leymant.* Dans le haut, Henri IV à cheval ; au-dessous, médaillons ovales entourant le titre et renfermant des vues de Paris, Lyon, Toulouse, Bordeaux, etc. Petit in-fol. Très-belle ép.

118 **Chabanne**, 1837. M. Robert Dumesnil, auteur du *Peintre-Graveur français*. In-8, à l'eau-forte. Très-belle ép.

119 **Chereau**. François-Armand de Lorraine, évêque de Bayeux. In-fol. Belle ép.

120 **Chevillet**. J.-B. Descamps, peintre du roi, professeur à l'École de dessin de Rouen, d'après lui-même. Joli portrait in-4. Très-belle ép.

121 **Clerck** (N. de), *exc.* François Ier, roi de France. In-4.

122 **Cock** (Hiero), *excudebat*. Guido Cavalcantes ; Dante ; Boccace ; Pétrarque ; Angélus Politianus; Marsilius Ficinus ; portraits de ces illustres personnages réunis sur la même feuille. In-fol. *Rare*. Ép. superbe.

123 **Coelemans**. Le roi René, comte d'Anjou et de Provence. In-fol. Très-belle ép.

124 **Croisier** (Marie-Anne). Le duc d'Orléans ; le duc et la duchesse de Chartres, dans trois médaillons surmontés de deux amours, et soutenus dans le bas par un amour. Jolie pièce in-8.

125 **Cunego**. F.-Emmanuel de Rohan, magnus magister, d'après Favray. In-fol.

126 **Dalen** (Corneille Van). Boccace tenant un livre. Beau portrait in-fol., d'apr. le Titien. Très-belle ép.

127 **David** (C.). Nicolas de L'Hospital, duc et marquis de Vitry, maréchal de France après la mort du maréchal d'Ancre. In-8. Très-belle ép.

128 — (H.) 1658. Jean-Maximilien de l'Angle, pasteur de l'église de Rouen. In-4. *Rare.*

129 **Delaulne** (Etienne). Henri II, roi de France, et Catherine de Médicis. 2 charmants portraits in-8. *Fort rares.* Très-belles ép.

130 — François, duc de Guise. Il est vu de profil, tourné vers la droite. Beau portrait, petit in-4. *Rare.*

131 **Demarcenay.** Sully, d'après Porbus. In-8.

132 **Desrochers.** P.-Mathias de Gourné, né à Dieppe, d'après J. Leroux. In-8. Très-belle ép.

133 **Divers.** Portraits de Pierre Corneille, par Desrochers, B. Picart, Duflos, Gaucher, etc. 18 p.

— Marie-Angélique Corneille, par Vangelisti, d'après Gault.

134 — Jean de Bernières Louvigny, trésorier de France à Caen, par Landry ; le Framboisier de Beaunay, subdélégué de l'intendance de Rouen ; V.-F. Bazin, prêtre né à Rouen ; le R. P. Noël-Alexandre, né à Rouen ; Pierre de Langle, né à Evreux ; Béranger, né à Elbeuf ; Rouelle, né au village de Mathieu, près de Caen ; la mère Marie de l'Annonciation, première supérieure du monastère de Sainte-Elisabeth de Rouen ; l'abbé Baroche, chanoine et grand chantre à Rouen. 9 portraits de personnages normands.

135 — De Quériolet; Pierre Ragot; Jean Hamon; Law; de Buisson de Beauteville, évêque d'Alais; Pilâtre du Rozier; Necker; de Quélus, mignon de Henri III. Copie d'après un ancien portrait, etc. 29 portraits. *Ce numéro pourra être divisé.*

136 — Duc d'Enghien; de Saint-Aignan; Villeroy; Molière; Santeuil; le père Edmond de la Croix; le père Quesnel; Lemery; Raynal; Mme Dudeffant; Mme Dufrenoy; Mme Roland; Mme Staël, etc. 30 portraits. *Ce numéro pourra être divisé.*

137 — Pierre Dumoulin; Louis Legendre; Restout; J. et F. Naerebout et Jean Boussart, etc. 9 portraits.

138 — Portraits de Voltaire; le Déjeuner de Ferney. 17 pièces. *Ce numéro pourra être divisé.*

139 — Marie-Adélaïde-Clotilde-Xavière, sœur du roi. 2 jolis portraits, par Dambrun et Housman; comtesse d'Artois, par M. L.-A. Boizot; comte de Provence, par Lebeau, etc. 7 portraits.

140 — P.-C. Eude; M. Fleurye; Cherfils, députés du bailliage de Caen; Vieillard, du bailliage de Coutances; Joseph Geneviève de la province du Perche; Goupil-Prefeln du bailliage d'Alençon. 6 portraits.

141 — Le comte de la Puisaye, J. de Lalande, Dufresne, Grandin, Lefrançois, Lemarechal, Robespierre, députés à l'Assemblée nationale, 7 portraits in-4, par Levachez. Buzot, de Puisaye, Goupil-Prefeln, par Bonneville. En tout 10 pièces.

142 — Louis XVI et Marie-Antoinette, par Schiavonetti ; par Legrand, d'après Debucourt ; par Brevière, d'après Pecheux ; Entrée de Louis XVIII à Paris, le 8 juillet 1815, par Euphrasie Puquenot ; Famille royale sous Louis XVIII, par Canu ; derniers moments du duc de Berry, etc. 9 pièces.

143 — Marie-Françoise-Victoire Salmon, Pierre Fourey, condamnés reconnus innocents. 2 portraits in-8.

144 — Charrette, général royaliste. In-fol., avant la lettre.

145 **Drevet** (Pierre). Mgr de Tressan, archevêque de Rouen en adoration devant la Vierge et l'Enfant Jésus. Pièce appelée *le grand Breviaire*. Très-belle ép.

146 **Dupin** (C.). De Roqueleyne, baron de Longepierre ; Jean Mairet, par Duponchel. 2 jolis petits portraits.

147 **Dyck** (Ant. Van). François Franck. Belle ép. doublée.

148 **Edelinck** (G.). Bossuet, d'après Hyacinthe Rigaud. R. D. 156. Superbe ép. du 1er état, avec marges.

149 **Ferdinand** (D'après). Anne de Lavigne, née à Vernon. 2 portraits in-8, gravés par Schmidt et Duflos.

150 **F. H.** *Hans Liefrinck*, *excudit*. François II, roi de France, et Marie-Stuart. 2 beaux portraits en pied. Petit in-fol. *Rares*. Très-belles ép.

151 **Fiquet** (Etienne). Pierre Corneille, d'après Lebrun. In-8. Très-belle ép.

152 — Jean de Lafontaine, d'après Rigault. In-8. Très-belle ép. au ruisseau blanc.

153 — Louis XV, roi de France. Petit chef-d'œuvre comme finesse d'exécution. *Rare*. Très-belle ép.

154 — Mme de Maintenon, d'après Mignard. In-4. Très-belle ép.

155 — Molière, d'après Coypel. In-8. Très-belle ép.

156 — Voltaire, d'après Latour. In-8. Très-belle ép.

157 — Le même. Très-belle ép.

158 **Frosne**. Guillaume de Lamoignon; Louvois, par Larmessin. 2 portraits in-4. Très-belles ép.

159 **Galle** (C.). Henri Groulart, d'après Van Hulle. In-fol. Très-belle ép.

160 **Gaucher**. Duc de Montausier, d'après Ferdinand. In-8. Très-belle ép.

161 **Gaultier** (Léonard). Josias Berault, conseiller à la table de marbre de Rouen. In-4. Très-belle ép.

162 — Alex. Bouchart, vicomte de Blosseville, conseiller au parlement de Rouen, d'après Dumoustier. In-4. Ép. superbe.

163 — Pierre Charron, auteur du *Traité de la Sagesse*. In-8. Belle ép.

164 — 1588. Henri III, roi de France. Petit in-4. *Rare*. Belle ép. avec marges.

165 — 1586. Michel de L'Hôpital. Petit in-4. Belle ép.

166 — 1608. Thomas Sonnet, sieur de Courval, docteur en médecine, âgé de 31 ans. Charmant portrait in-8. Ép. superbe.

167 — Le même personnage, âgée de 33 ans. In-8. *Rare*. Très-belle ép. On lit dans une tablette, au bas, quatre vers commençant ainsi :

VIRE *fut mon berceau, ma nourrisse et mon laict,*
CAEN, *l'unique séjour de mon adolescence.*

168 — Marguerite de Valois, reine de Navarre. Petit in-4.

169 **Granthomme** (Jacques). Jean Calvin. In-8.

170 — Le pape Sixte-Quint. In-4.

171 **Habert** (N.). Michel Lasne, dessinateur et graveur ordinaire du roi, natif de Caen, d'après C. Lebrun. Petit in-fol. *Rare*. Très-belle ép.

172 — Abraham Duquesne, lieutenant-général des armées navales de France. In-4. Très-belle ép.

173 — Cardinal Lecamus, évêque de Grenoble ; saint Charles Borromée. 2 portraits in-8.

174 **Halbeeck**. Louis XIII, roi de France, à cheval. Grand in-4. Très-belle ép.

175 **Harrewyn**. *A tous accords*. Henri III debout avec les ajustements des deux sexes. In-8.

176 **Hayard** (J.-B.). P. R. Le Cornier de Cideville, ancien conseiller au parlement de Rouen, d'après Descamps. In-4. *Rare*. Très-belle ép.

177 **Houve** (Paul de la). Charles de Bourbon, cardinal-archevêque de Rouen. Petit in-4. Le nom et l'adresse dans la marge à gauche ont été effacés, mais il en reste quelques traces.

178 **Janet** (A Paris, chez). Marie-Louise, impératrice, dans un médaillon rond, soutenu par un aigle. In-4.

179 **Jollain**, *excudit.* Armand-Jean Bouthillier de Rancé, abbé de la Trappe. Petit in-fol. Très-belle ép.

180 **Larmessin.** Louis XIV et Marie-Thérèze couronnés par la Paix et par l'Amour. 2 médaillons renfermant les portraits des deux personnages sont placés au faîte d'un monument qui semble représenter un temple élevé à la Paix. Au-dessous on lit une inscription constatant que la paix a été conclue entre la France et l'Espagne sous le ministère de Mazarin et du duc d'Olivarès; on voit le premier à gauche, debout dans une niche, et le second à droite. Belle pièce in-fol. *Rare.* Très-belle ép.

181 **Lasne** (Michel). Anne d'Autriche, reine de France, en buste; deux anges tiennent, au-dessus de sa tête, la couronne royale. Charmant portrait in-4. Ep. superbe.

182. — Anne d'Autriche à mi-corps tournée vers la gauche, une main appuyée sur un paon. In-4, *rare.* Dans la marge du bas, quatre vers :

Mortels vous devez être en peyne,
En regardant ceste beauté
Sy c'est le portrait d'une Reyne,
Ou bien d'une divinité.

183 — Nicolas de Bailleul, président au Parlement et chancelier de la reine. In-fol.

184 — Louis de Balzac, à l'âge de 39 ans. Petit-in-4. Très-belle ép.

185 — Cardinal de Bérulle, vu de trois quarts, tourné vers la droite. Petit in-fol. Très-belle ép.

186 — Le Père Etienne Binet, de la Société de Jésus, d'après Lebrun. In-4. Très-belle ép.

187 — Nicolas Chevalier, premier président à la Cour des aides. In-8. Très-belle ép., signée au verso : *P. Mariette 1670.*

188 — Le même. Grand in-4. Très-belle ép.

189 — 1644. Pierre Corneille. In-8. Très-belle ép.

190 — Le même. Belle ép. avec marges.

191 — 1643. Pierre Corneille dans un médaillon ovale ornementé. Beau portrait in-4. *Très-rare.*

192 — Philippe Cospeau, évêque de Lisieux. In-8.

193 — Charles, sire de Créquy. Charmant petit portrait dans un médaillon ovale. 1re épreuve *avant la bordure, le fond et la tablette.* Au bas, deux lignes latines. *Très-rare en cet état.*

194 — Le même avec la bordure, le fond et la tablette. In-8.

195 — Charles, sire de Créquy et de Canaples, à l'âge de 25 ans, dans un encadrement ornementé, surmonté d'une renommée tenant deux trompettes. In-4 *rare.* Très-belle ép.

196 — Gui de Custojoux, écuyer de la reine-mère. Charmant petit portrait dans un médaillon ovale. *Rare.* Très-belle ép.

197 — Damfreville, président à mortier au Parlement de Rouen. In-4. Très-belle ép.

198 — Le Dauphin, fils de Louis XIII, dans un médaillon ovale posé entre deux colonnes, de chaque côté desquelles se trouvent deux figures allégoriques. Petit in-fol. en largeur. *Rare* Très-belle épreuve.

199 — 1652. Everard Jabach. In-fol. *rare*. Très-belle ép.

200 — Le Père Joseph de Paris, capucin, fondateur des religieuses du Calvaire. In-4. Très-belle ép.

201 — 1656. Jean Loret, auteur de la Muse historique. In-4. Très-belle épreuve.

202. — Lumague tenant de la main droite une image de la Vierge. In-4. Superbe épreuve avant la lettre. *Très-rare.*

203 — Marescot, maître des requêtes. Petit in-fol. Très-belle ép.

204 — Marguerite d'Autriche, à l'âge de 25 ans. Charmant portrait d'une belle exécution. In-4, *rare*. Très-belle ép.

205 Marie de Médicis. Charmant portrait dans un médaillon ovale au-dessus d'un sonnet avec acrostiche sur le nom de la reine. *Rare*. Très belle ép.

206 — La Reine, en costume de veuve, debout devant un miroir tenu par Minerve. In-4.

207 — Le Cardinal de Richelieu. Il est coiffé d'une calotte, tourné vers la droite, et porte au cou le cordon de l'ordre du Saint-Esprit. Dans le fond, un rideau. Beau portrait in-fol. Ép. superbe.

208 — Scudéry, médaillon ovale avec cette légende autour de la bordure : *Et poëte et guerrier, il aura du laurier.* In-8 *très-rare*. Très-belle ép.

209 — Abel Servien, ministre et secrétaire d'État. In-4 *rare*. Ép. superbe.

210 **Lasne** (manière de). Pierre Corneille dans un médaillon ovale in-4. Très-belle ép.

211 **Lebert**. Marion Delorme d'après le dessin de Dugoure, d'après Champagne. In-8.

212 **Leclerc** jeune. Marie de Médicis, reine régente de France. Petit in-4, *rare*. Très-belle ép.

213 **Leclerc** (S.-C.). Jean de Quintanadoine de Brétigny, prêtre fondateur des Carmélites en France, mort à Rouen, en 1634, en odeur de sainteté. In-8. Très-belle ép.

214 **Lenfant**. 1672. Jean Forcoal, évêque de Séez, d'après Dieu. In-fol. Très-belle ép.

215 **Leroy** (Robert). 1603. Grouslart, premier président de Normandie. Beau portrait. In-fol. *très-rare*.

216 **Leu** (Th. de). François Ier, roi de France. Petit in-4. Très-belle épreuve du deuxième état avec marges.

217 — François de Valois, fils de François Ier, dauphin de France. Petit in-4. Ep. faible.

218 — François II, roi de France. Petit in-4.

219 — Charles IX, roi de France. In-8. Belle ép.

220 — Charles, connétable de Bourbon. Petit in-4. Belle ép.

221 — Henri de Savoie, duc de Nemours. Charmant portrait. Petit in-4. Très-belle ép.

222 — Antoine de Bourbon, roi de Navarre. Petit in-4. 2 ép. faibles.

223 — Antoine de Bourbon, roi de Navarre. Il est revêtu d'une armure et tient de la main droite le bâton de commandement. Charmant petit portrait. Ep. Superbe. *D'une extrême rareté.*

224 — Jeanne d'Albret, reine de Navarre, mère de Henri IV. Charmant portrait petit in-4. Très-belle ép.

225 — Charles de Bourbon, cardinal, archevêque de Rouen. Beau portrait, *rare*. Ep. superbe.

On lit au bas quatre vers commençant ainsi :

Vous qui remarquerez les choses admirables
De notre rouge siècle, etc.

226 — Catherine de Bourbon, sœur unique du roi. Charmant portrait petit in-4. Ep. *d'une rare beauté* avec marges.

Il existe dans la marge du bas quatre vers commençant ainsi :

D'une Sémyramis le renom ou la gloire,
Ou bien une Hébraïque en sa pudicité, etc.

227 — Gabrielle d'Estrées. Charmant portrait in-4 avec marges. *Rare*. Très-belle ép.

Il existe dans la marge du bas quatre vers commençant ainsi :

Fleur des beautéz du monde, astre clair de la France,
Qui vous voit vous admire, et souspire en son cœur, etc.

228 — Henriette de Balzac. Charmant portrait petit in-4. Belle ép.

229 — Charles de Gontaut de Biron, maréchal de France. Petit in-4. Très-belle ép. avec marges.

230 — Jean de Beaugrand, écrivain du roi, secrétaire de la chambre de Sa Majesté en 1595. D'après Dumoustier. In-4. Belle ép.

231 — Passerat, à l'âge de 64 ans. In-8. Belle ép.

232 — 1608. Louise Bourgeois, femme Boursier, sage-femme à Paris. In-8. Très-belle ép.

233 **Leu** (Manière de Thomas). Louise de Lorraine, reine de France, femme de Henri III. Joli petit portrait.

234 **Lochon** (R.). 1660. Jacques de Matignon, maréchal de France. Petit in-fol.

235 **Logredoux** (H.-E.). Le R. P. Julien Gardeau, curé de Saint-Etienne-du-Mont. In-4 à la manière noire

236 **Lombart** (P.). Rachel, comtesse de Middlesex. D'après Van-Dyck. In-fol. Très-belle ép.

237 **Mariette** (A Paris, chez Pierre). Pierre Corneille. In-4. Très-belle ép. avec marges.

238 **Mathey**. Joseph de Lafontaine-Solare de la Boissière, prêtre de l'Oratoire. In-8.

239 **Médicis** (Marie de). 1587. Son portrait, gravé sur bois; pièce qui passe pour avoir été exécutée par Marie de Médicis elle-même. *R. D., vol. 5, page 66. Rare.*

240 **Mercuri**. Mme de Maintenon. Charmant petit portrait. Superbe ép. avant l'entourage et avant la lettre.

241 **Metensis** (Corneille). 1548. Henri VIII, roi d'Angleterre. In-8 *rare*. Très-belle ép.

242 **Montcornet** (Anne). Louis XIII et Anne d'Autriche en adoration devant la Vierge et l'Enfant-Jésus. Jolie pièce in-4 *très-rare*. Ep. superbe.

243 **Montcornet**. Très-vertueuse et très-noble demoiselle Louise-Angélique de Lafayette. In-4 *rare*. Très-belle ép. avant les armes.

244 — Duchesse de Longueville. Joli portrait. Très-belle ép.

245 — Louis XIV enfant. 2 portraits différents.

246 — Nicolas Fouquet dans une bordure octogone. Grand in-4. Très-belle ép.

247 — Concini, marquis d'Ancre. In-8. Très-belle ép.

248 — Richard-Olivier de Longueil, évêque de Coutances; Cardinal du Perron; Comte de Saint-Aignan; Barthélemy Tremblet. 5 pièces.

249 **Montcornet** (A Paris, chez la veuve). Françoise-Athénaïs de Rochechouart, marquise de Montespan, dans une bordure ovale avec entourage ornementé. Joli portrait petit in-fol. *rare*. Très-belle ép.

250 **Nanteuil** (Robert). Hugues de Lionne, secrétaire d'Etat. L'un des petits chefs-d'œuvre du maître. R. D. 146. Superbe ép. du 1er état.

251 — Loret, auteur de la Muse historique, R. D. 150. Très-belle ép. du 3e état.

252 — Scudery, R. D. 221. Très-belle ép. du 1er état. Doublée.

253 — Vicomte de Turenne. R. D. 232. Très-belle ép. du 4e état.

254 **Nelli** (Nicolo). Catherine de Médicis. Femme de Henri II, dans un médaillon ovale avec entourage ornementé. In-4. Très-belle ép.

255 — François II roi de France, dans un médaillon ovale avec entourage ornementé, beau portrait in-4. Très-belle ép.

256 **Pasquier** (J. J.). Pensée à la Reine. Charmant petit médaillon de la reine Marie Leczinska, adhérent à une tige de pensée. Petit in-4. très-belle ép.

257 **Pass** (Crispin de). 1598. Marguerite de Valois, femme de Henri IV. Petit in-4. très-belle ép.

258 **Petit** (à Paris chez). Louise Cavelier Levesque, née à Rouen. In-8.

259 **Pitau** (N.). 1713. Adrien Bourdoise, prêtre, petit in-4. Très-belle ép.

260 **Poilly** (Manière de). Marie de Cossé, duchesse de la Meilleraye, portrait rogné et rapporté dans un encadrement.

261 **Poisson** (d'ap.). Almanach de cabinet, encadrement en haut duquel se trouve au milieu le buste de Louis XV dans un médaillon. In-4. Très-belle ép. L'emplacement pour le calendrier est en blanc. *A Paris chez Loyer graveur.*

262 **Quenedey**. Mlle de Cretot, morte à Rouen en 1839; M. Bernouilli du Havre. 2 portraits au phisionotrace.

263 **Rabel** (Jean). Gaspard de Coligny, grand-amiral de France. R. D. 44. Très-belle ép. du 2e état.

264 **Ravenet**. Charles Rollin, d'ap. Coypel. In-8. Très-belle ép.

265 **Reynolds** (S. W.), Pierre-Marie-Louis, comte de Frotté. d'ap. Howard. In-fol. Très-belle ép.

266 **Roger**. Pierre-Guillaume Roger, ancien syndic des avocats au Parlement de Rouen. In-fol.

267 **Saint-Aubin** (Aug. de). Philidor, compositeur de musique, célèbre joueur d'échecs, né à Dreux, joli portrait in-4., d'ap. Cochin. Très-belle ép.

268 **Savart**. (P.). Nicolas Boileau, d'ap. Rigaud, in-8. Très-belle ép., sur laquelle on a gratté l'adresse barrière Fontarabie.

269 — Colbert, d'ap. Champagne. In-8 épreuve sup.

270 — Mme Deshoulières; le cardinal de Bernis. 2 portraits in-8.

271 — Jean de La Bruyère, d'ap. Saint-Jean. In-8. Très-belle ép.

272 **Schuppen** (P. Van.). 1668. Armande-Henriette de Lorraine, coadjutrice de l'abbaye royale Notre-Dame de Soissons, d'ap. Antoine Barthélemy. Petit in-fol. Très-belle ép.

273 — 1660. La Bienheureuse Marguerite de Lorraine fondatrice de plusieurs monastères de l'ordre de Sainte-Claire, morte en celui d'Argentan, le 2 novembre 1521. Beau portrait petit in-fol. Ép. superbe.

274 — Louis XIV, roi de France, d'ap. C. Lefebvre, charmant portrait, petit in-4. Superbe épreuve du 1er état avec la date 1670, qui a été remplacée dans les ép. postérieures par l'année 1675. *Rare*.

275 — Philibert, marquis de Nerestan, grand-maître des ordres de Saint-Lazare et de Notre-Dame de Mont-Carmel, nommé en 1608, mort en 1612, in-4. superbe ép. avant la lettre.

275 *bis* François Pithou, jurisc. In-fol. Très-belle ép.

276 — 1663. Saint Vincent de Paul, d'après François Simon de Tours. in-fol. Rare. Très-belle ép.

277 — 1661. Denis Talon, In-fol. Très-belle ép.

278 **Sichem** (Corneille Van). Elisabeth, reine d'Angleterre, en pied, grand in-4. Très-belle ép.

279 **Thomassin.** (S.). Michel de Saint-Martin, marquis de Miskou né à St-Lô, mort à Caen. In-4. Très-belle ép.

280 **Trouvain.** 1698. Jean Pesne, peintre et graveur, d'ap. lui-même. In-fol. Très-belle ép.

281 — Jean Jouvenet, d'ap. lui-même. In-fol. Très-belle ép.

282 **Vallegius.** (François). Henri IV roi de France; il porte en tête la couronne royale. In-4, belle ép.

283 **Visscher,** *excudit.* Marie Stuart, reine d'Ecosse à l'âge de 44 ans en 1583, gr. in-4. Très-belle ép.

284 **Vorst** (R. V.). D. Kenelmus Digbi, d'ap. Van Dyck. Très-belle ép. avec l'adresse de Martin Vanden Eden.

285 **Wierix** (Jérôme). Jeanne d'Albret, reine de Navarre, mère de Henri IV, charmant portrait in-4, *rare.* Epreuve superbe.

286 — Henri de Bourbon, roi de Navarre, duc de Vendôme, comte de Béarn, etc., charmant petit portrait de ce prince avant son avénement au trône, sous le nom de Henri IV.

287 — Les trois frères Coligny, sur la même feuille, d'ap l'estampe de Marc Duval. Petit in-fol. Très-belle épreuve.

288 **Wiérix** (Antoine). Henri de Bourbon, roi de Navarre. Il est coiffé d'un chapeau rond à larges bords relevés sur le devant. Charmant petit portrait, belle ép. avec marg., sign. au dos; *P. Marcette* 1690.

CRIMINELS

RÉGICIDES

289 **Assassinat de Henri IV.** La scène est représentée au milieu de l'estampe dans une bordure ovale. La voiture est à gauche, où l'on voit Ravaillac frappant le roi. Au-dessus de l'ovale, au milieu du haut, buste de Henri IV couronné de laurier; à gauche de la bordure, Marie de Médicis dans un médaillon ovale; et à droite Louis XIII enfant. Au milieu du bas, portrait de Ravaillac avec cette inscription autour de la bordure. *François Ravaillac*, d'Angoulême, *meurtrier du Roi*, 1610. Les quatre coins sont remplis par les détails du supplice du régicide. Dans le haut à gauche, il est vu enchaîné, et le bourreau lui brûle le poignet. A la droite du haut, il est tenaillé; à la gauche du bas, il est tiré à quatre chevaux; à la droite du bas, ses membres sont dispersés. Pièce d'une belle exécution. Petit in-fol. en largeur, *d'une extrême rareté*. Très-belle épreuve. Cette pièce est marquée du monogram. de Jean Visscher.

290 **Ravaillac** (François). Assassin de Henri IV. Il est représenté à mi-corps dans un médaillon ovale; il est coiffé d'un chapeau rond avec plumes sur le devant. Il est tourné vers la gauche et tient de la main droite un couteau. On voit au milieu du bas, au-dessous du médaillon, un hibou dont la tête dépasse la bordure intérieure de l'ovale. Dans la marge du bas, deux vers latins en deux lignes commençant ainsi:

Heu scelus! heu monstrum! etc.

In-4. *Très-rare.* Epreuve superbe.

Ce portrait est anonyme; mais l'exécution indique parfaitement le travail de Crispin de Pass.

291 Le même. Il est représenté en pied, tenant à la main droite un couteau. Dans le haut à droite, les médaillons de Henri IV et de Marie de Médicis, et au-dessous, Louis XIII enfant. Dans le fond à droite la scène du meurtre, et à gauche les différentes tortures que l'on fit subir au régicide, et son supplice. Cette pièce est de *Christophe van Sichem.*

292 **Damiens**. Il est dans la tour de Montgomery, lié sur un matelas, gardé de chaque côté par deux soldats. Dans le fond deux magistrats assis paraissent procéder à son interrogatoire. Petit in-fol. en largeur. *Rare.*

293 Pierre-Robert-François *Damiens* d'Arras, âgé de quarante-deux ans. Il est représenté en pied, coiffé d'une espèce de tricorne; il tient un couteau de la main gauche. *A Paris chez Lejeune.* In-fol. *Rare.*

294 Le même dans un ovale en hauteur. Il est vu de trois quarts coiffé d'un tricorne et regardant vers la droite. Dans le haut les lettres R. F. D. au bas six vers commençant ainsi :

Arrête scélérat ! arrête téméraire !

In-4. *Rare.*

Arrêt de la Cour du Parlement contre Robert-François Damiens. A Paris, chez P. G. Simon 1757, in-4. 13 pages.

295 **Louvel.** Un portrait gravé par Charles. 3 autres lithographiés.

296 **Fieschi** et ses complices. Portraits, Canards, Brochures, 6 pièces.

ASSASSINS

297 **Voisin** (La). Vue de trois quarts tournée à droite, dans un médaillon tenu par un démon ailé. In-4. *Rare.* Par Ant. Coypel, R. D. 14. La marge au bas où se trouve le titre : Portrait de la Voisin etc. A été coupée.

298 **Cartouche** (le véritable portrait de). tiré d'ap. nature, étant dans sa prison. Il est assis à gauche, enchaîné et tourné vers la droite. Petit in-fol. en largeur. *Rare.* Très-belle ép.

— Portrait du même , publié par Vignères. 2 ép. dont une avant la lettre.

299 **Mandrin** (Louis). par J. Basire. In-8.; Oraison funèbre de Mandrin avec complainte à la fin. Brochure in-4.

300 **Derues** (Antoine-François). Son portrait, il est vu de profil, tourné à gauche, et coiffé d'un bonnet de nuit. In-4.

— Autre vu de profil tourné à gauche; il a sur la poitrine un écriteau portant *Empoisonneur* de dessein prémédité. In-4.

— Autre en pied dans sa prison, il est de profil et tourné à gauche.

— Arrêt de la Cour du Parlement du 5 mai 1777, contre Derues.

— Son exécution. Il est rompu vif en place de Grève, le 6 mai 1777.

— Visions, réflexions et aveux de Derues, trouvés dans sa prison, écrits de sa propre main. A Paris chez Dessenne, in-12. 1777. 23 pages.

— Détails historiques et véritables des manœuvres abominables et des crimes atroces commis par Derues in-4. 8 pages.

— L'arrivée et réception de Derues dans les enfers, par Cartouche et Mandrin. In-4. 4 pages.

— Derues chassé des enfers, par sentence de Pluton. In-4. 2 pages.

— L'ordre des cérémonies observées au bannissement de Derues hors des enfers. In-4. 2 pages.

— Sentence rendue par Lucifer en faveur de Derues contre Mandrin et Cartouche. In-4. 2 pages.

— Déclaration de Derues gardé par Cerbère, fait par Noël, colporteur. In-4. 4 pages.

— Complainte sur Derues, 1777

En tout 13 pièces.

301 — Marie-Louise **Nicolaïs**, femme de **Derues**. Son portrait dessiné d'après nature, vue de trois quarts, coiffée d'un bonnet et tournée vers la gauche; dans une bordure ovale en hauteur. In-4. *Rare*. Très-belle ép.

— Arrêt du Parlement du 9 mars 1779, qui la condamne à être battue et fustigée, et flétrie d'un fer chaud. In-4. 16 pages.

— Exécution de la sentence devant la prison de la Conciergerie du Palais. In-4 en largeur. 3 pièces.

302 **Duramé**, *dessiné d'après nature*. Sa tête est tenue par la main du bourreau. Petit in-4. *Rare*.

303 — Bastide-Gramont, Jausion, la Bancal, Bousquier, etc. (assassinat Fualdès), Dautun, Mingrat, Papavoine, frère Léotade en regard de Cécile Combettes, etc. 14 pièces.

TOPOGRAPHIE DE LA NORMANDIE

Plans, Vues de Villes et de Monuments, etc.

304 **Anonymes**. Restes de l'ancien prêche des Calvinistes à Caudebec. Petit dessin lavé.

305 — XVIe siècle. *Le pourtraict de la ville de Dieppe*. In-fol. en largeur. Pièce gravée sur bois.

306 — XVIe siècle. Le pourtraict de la ville de Rouen. In-4. en hauteur, gravé sur bois.

307 — Fin du XVIe siècle. Rhotomagus, vulgo Rouen. Plan in-fol.

308 — Scène des vendeurs chassés du Temple. C'est M. de Miroménil qu'on suppose venu à Rouen pour chasser du palais les profanateurs de la justice. In-fol.

— Explication du sujet.

309 **Bacheley**. Vue du port de Rouen prise du petit château; Rouen, vu du mont Sainte-Catherine; Rouen, vu de dessus la voûte de l'église des Chartreux. 3 pièces. Très-belles ép.

310 — 1756. Figures de différentes sortes de pompes pour les incendies, construites par le sieur Hoden à Rouen. 2 pièces. Au-dessus de la première, vue de Rouen.

311 **Bichue-Constan** (R.). Perspective de l'église cathédrale de Notre-Dame-de-Coutances. In-fol. Très-belle ép.

312 **Boisseau** (A Paris, chez), 1645. Profil de la renommée ville de Rouen, capitale et métropolitaine du duché de Normandie. Grande et belle pièce. *Rare*. Très-belle ép.

313 **Boissevin** (A Paris, chez), 1650. Dieppe, fameux port de mer. Grande pièce en largeur, en deux morceaux réunis. *Rare*.

314 **Brookshaw**. Vue de la ville de Rouen et d'une partie du port pendant l'inondation, 1754. In-fol. en largeur.

315 **Carpentier**. Village et château d'Arques, près de Dieppe; château de Vernonai; château de Lillebonne; vue des Andelys et du château Gaillard, etc. 8 pièces.

316 **Châtillon.** Le château de Rosny et paysage prochain en Normandie.

317 — Vue de la ville de Mortaigne, le fort de Gournay, la ville de Louviers, 3 pièces.

317 bis — La magnifique chapelle de Notre-Dame de Lisieux, par Peters et Tassin; Aymar Robert; Guillaume Duvair; Philippe Cospeau, évêques de Lisieux, etc. 11 pièces.

318 **Defer** (N.), 1724. Plan de la ville de Rouen. Gr. in-fol.

319 **Divers.** Plans et vues de Caen, Cherbourg, Evreux, Falaise, Louviers, etc. 20 pièces.

320 — Granville, plans et vues du Mont-Saint-Michel. 8 pièces.

321 — Vue du port de Dieppe, par Martini, d'après J. Vernet; vues d'après Garneray; autres par Jaime, etc. 59 pièces.

322 — Le port du Havre, par Martini, d'après J. Vernet, plan, par Peters; Hôtel de Ville, par Sellier fils, etc. 14 pièces.

323 — Recueil des plans, coupes et élévations du nouvel hôtel de ville de Rouen, par Mathieu Le Carpentier, architecte du roi; à Paris, chez Jombert, 1758; in-fol. Figures.

324 — Vue de l'église métropolitaine de Rouen; bas-reliefs en bois faisant partie de la façade d'une maison du XVIe siècle à Rouen, rue de la Grosse-Horloge. 115. Vue d'une des tours du vieux palais de Rouen; vue de Rouen coloriée; portail de Sainte-Croix, Saint-Ouen, etc. 17 pièces.

325 — Vues de monuments et vignettes, relatives à Rouen, par Lecarpentier, Jolimont, etc., 17 p.

326 — Vues de monuments à Rouen. 24 pièces lithographiées.

326 bis **Divers**. Saint Romain, archevêque et patron de Rouen; dans le fond, vue de la ville de Rouen. Autre pièce même sujet. 2 pièces.

327 — Vues de Normandie, Lisieux, Caudebec, Louviers, Fécamp, Vernon, etc. 20 pièces.

328 — Plan du château et fort Sainte-Catherine, levé durant le siége fait en 1591 et défendu par M. de Villars, gouverneur. Dessin lavé.

— Autre dessin, de l'époque de la Révolution. On voit à l'entrée d'un parc ou promenade deux faisceaux surmontés du drapeau tricolore.

329 **Focken** (Hendrick), *exc.* Vue de Rouen. In-fol. en largeur.

330 **Gouel**, 1759. Au dauphin couronné, Thouret, marchand coutelier à Rouen. Adresse ornementée.

331 **Jacques**. Cérémonie de la levée de la fierte par le prisonnier, le jour de l'Ascension à Rouen. In-fol. en hauteur.

332 **Jollain**. Vue de la ville de Caen. In-fol. en larg.

333 — Vue du Mont-Saint-Michel. In-fol. en largeur.

334 — Vue de la ville de Rouen. In-fol. en largeur.

335 **Peters** (Manière de), 1620. Vue de la ville de Rouen en deux feuilles réunies.

336 — 1655. Plan de Rouen. In-fol. en largeur.

337 **Silvestre** (Israël). Vue du vieux château de Rouen; de la porte du bac; *Faucheux*, 65-7 et 8. Titre; place de Rouen où les Anglais ont fait mourir la pucelle d'Orléans; vue de la porte du Grand Pont, 72-1-3 et 4. 5 pièces. Très-belles ép.

PIÈCES SUR LA RÉVOLUTION

338 Cupidon tambour major national, avec chanson. *A Paris, chez Driancourt.* Serment du jeu de paume, un sans-culotte. 3 pièces.

339 1789. Le Calculateur patriote, ayant devant lui 5 têtes coupées. *Rare.*

340 Madame sans culotte. En couleur. *Rare.*

341 Carte du comitérévolutionnaire, district de Dieppe.

342 Cocarde royale et de la liberté. 17 Juillet 1789; feuille d'éventail avec assignats. 2 pièces.

343 1791. Louis XVI à l'Assemblée nationale accepte la Constitution, gravé par David, d'après Lejeune. In-fol. en hauteur.

344 Arrestation de Louis XVI et de sa famille. Pièce imprimée en bistre.

345 Séparation de Louis XVI d'avec sa famille. Petite pièce ronde. In-8. Très-belle ép. avant toute lettre.

346 Petite médaille de Louis XVI, 1792. La France éplorée appuyée sur le tombeau de Louis XVI, dont on voit le profil dans les contours d'une urne funéraire. 2 pièces.

346 bis Le 21 janvier ou Serment de haine à la royauté; l'anniversaire de la chute du dernier roi des Français. 2 pièces, avec chants révolutionnaires. *Rares.*

347 Jeu de la Révolution française. Grande pièce fort curieuse où l'on voit représenté dans des cases, diverses scènes de la Révolution, des caricatures, des allégories, etc. *Très-rare.*

347 bis La Reveillère, pape des theo-philantropes, d'après Prud'hon. In-4°. *Rare.*

CHARLOTTE CORDAY

Cette réunion de portraits de Charlotte Corday, de pièces se rattachant à l'acte qui lui a donné une place si importante dans l'histoire de la Révolution, a été choisie avec un soin qui révèle l'amateur intelligent. Ceux de ces documents qui datent de l'époque, portent pour ainsi dire avec eux, l'émotion causée par l'événement. Ils ont été produits au milieu des agitations, du choc des passions excitées. Ce sont des éléments que l'on recherche avec raison, non pas seulement par un intérêt de curiosité, mais aussi parce qu'ils seront pour l'historien de précieux auxiliaires.

PORTRAITS ET PIÈCES DU TEMPS

348 Assassinat de J.-P. Marat, le 13 juillet 1793. La baignoire est placée à droite. Trois hommes viennent d'en retirer Marat, et l'on voit à gauche Charlotte Corday les deux mains tenues par un homme armé d'un fusil. Pièce in-fol. en largeur. *Brion pinxit, etc. Rare.*

349 Réduction de la pièce précédente. Vrydag sculpsit. Grand in-4.

Charlotte Corday poignardant Marat. Par Vrydag, d'après Vinkels. Titre d'un ouvrage hollandais publié à Amsterdam en 1803.

350 A la mémoire de Marat, l'ami du peuple, assassiné le 13 juillet 1793. Marat est représenté dans la baignoire perdant son sang par une large blessure; derrière lui la France assise sur un globe, soutient sa tête qui s'affaisse. On voit à gauche Charlotte Corday entraînée par un animal chimérique.

Elle tient de la main droite l'arme qui lui a servi à frapper Marat; un génie armé d'un fouet, et planant vers le milieu de l'estampe, saisit Charlotte Corday par les cheveux. Cette pièce est assez bien exécutée à l'eau-forte avec mélange de lavis. In-fol. en largeur. *Extrêmement rare.*

351 La mort du patriote Jean-Paul Marat, etc. Il est dans sa baignoire placée à droite, et Charlotte Corday debout le frappe d'un poignard. On voit à gauche un homme saisi d'effroi. Petit in-fol. en largeur. *A Paris, chez Basset.*

352 La mort du patriote Marat, *l'une des plus fermes colonnes de la Constitution, assassiné par une femme du Calvados, le 13 juillet 1793.* Il est dans sa baignoire placée à droite, à côté se trouve un guéridon sur lequel on voit un encrier et des feuilles de papier; Charlotte Corday debout écarte d'une main le bras droit de Marat, et lui plonge un poignard dans le cœur. Pièce en hauteur. Grand in-4, au bas de laquelle est une complainte en quatre couplets. *Très-rare.*

353 Assassinat de Marat. Charlotte Corday est représentée assise derrière la baignoire, à droite, et frappe Marat; un homme effrayé arrive de la gauche. *C. Hocquet, del. et sculp.* Grand in-4 en largeur. Dans la marge du bas quatre vers :

Qu'enten-je ! ô ciel, un poignard homicide
Vient de plonger Marat dans la nuit du tombeau ! etc.

Très-rare.

354 Marianne-Charlotte Corday, âgée de 25 ans, poignardant Marat. *Tiré des Révolutions de Paris.* In-8 en largeur.

355 Assassinat de J.-P. Marat, tiré des tableaux de la Révolution. Petit in-fol. en largeur. Ep. avant toute lettre.

La même pièce avec la lettre.

356 Mort de Jean-Paul Marat. Il est représenté complétement habillé et étendu sur un canapé placé à droite. Charlotte Corday le frappe de son poignard. In-fol. en hauteur.

Cette pièce, exécutée en Angleterre, est gravée par Schiavonetti, d'après Pellegrini. Il est inutile de dire que le fait historique a été ainsi modifié par respect pour les mœurs anglaises.

357 **Portraits de Charlotte Corday.** En buste dans un médaillon rond. Elle est coiffée d'un chapeau, tournée vers la gauche et tient un poignard de la main droite. Au-dessous on voit Marat mort étendu sur un lit, la tête sur un coussin, à gauche, et la face tournée vers la droite. Dans la marge du bas, on lit : *Assassinat de Marat.* Petit in-fol. *Très-rare.*

358 — En buste dans un médaillon ovale et coiffée d'un chapeau. Elle tient un poignard de la main droite. Petit in-4. *A Paris, chez Basset.* Très-belle ép.

— La même, avec impression d'un ton différent.

359 — Elle est vue à mi-corps, coiffée d'un chapeau. *C'est le portrait annoncé dans le Journal de Perlet, du 27 juillet 1793, n° 309. Dessiné d'après nature, par Haver,* gravé par Tassaert. Petit in-fol. Très-belle ép. avant la lettre dans la tablette.

360 — En buste dans un médaillon rond. Elle est coiffée d'un bonnet avec nœud de rubans sur le devant, tournée vers la droite, imprimée en couleur. Au-dessous, petit médaillon où est représenté l'assassinat. Sur une feuille, au-dessous, on lit : *Je venge l'humanité.* Petit in-4. *Rare.*

361 — En buste dans un médaillon rond. Elle est vue presque de face, coiffée d'un petit bonnet et tournée vers la gauche. Charmant petit portrait au physionotrace, par Quenedey; imprimé en couleur. *D'une extrême rareté.*

L'artiste, menacé du tribunal révolutionnaire, pour avoir ainsi reproduit les traits de Charlotte Corday, dut renoncer à le publier Il est d'autant plus précieux, que c'est sans contredit le plus authentique de tous les portraits du personnage.

362 — Elle est représentée assise sur une chaise dans sa prison, devant une table sur laquelle elle écrit. Un soldat est debout derrière elle à côté d'un lit de sangle. *A Paris, chez Basset.* Petit in-fol. en largeur. *Rare.*

363 — Assise sur une chaise dans sa prison, devant une table sur laquelle elle écrit. Elle est tournée vers la gauche. Son chapeau est accroché derrière elle à un rollon de sa chaise. Au bas, sa dernière lettre à son père. *A Paris, rue de la Bucherie, 26.* Grand in-4. *Rare.*

364 — Dans un médaillon rond. Elle est vue à mi-corps, assise, écrivant et tournée vers la droite. Elle est coiffée d'un petit bonnet. Au-dessous, une tablette où est représentée la scène de l'assassinat. *Dessiné d'après nature, par Queverdo, gravé par*

Massol. Imprimé en couleur. In-8. *A Paris, chez le citoyen Queverdo.*

365 — La même, imprimée en bistre.

366 — La même. L'adresse de Queverdo a été effacée. On lit à la place : Charlotte Corday.

367 — En buste dans un médaillon rond. Elle est vue presque de face, les regards un peu tournés vers la droite. Elle est coiffée d'un bonnet. Chacun de ses bras est entouré de cordes. Petit in-fol. *Très-rare.* Ep. avant toute lettre.

368 — La même, avec la lettre. On lit au bas : *Charlotte Corday, dessinée d'après nature.* En couleur. *Très-rare.*

869 — En buste dans un médaillon rond. Elle est coiffée d'un bonnet. Gravé par Alix et imprimé en couleur. Très-belle épr. avant toute lettre. *Rare en cet état.*

370 — La même, avec la lettre.

371 — En buste dans un médaillon rond. Elle est vue de trois quarts, coiffée d'un bonnet et tournée vers la droite. Elle porte la main gauche à ses cheveux. Petit in-fol. en couleur. *Rare.*

372 — En buste dans un médaillon rond. Elle est coiffée d'un bonnet et tournée vers la gauche. On lit au bas : « *A l'instant où elle s'aperçoit qu'un des auditeurs est occupé à la dessiner, elle tourne la tête de son côté.* In-8.

373 — A mi-corps dans un médaillon ovale. Elle est vue presque de face, coiffée d'un petit bonnet et tournée vers la gauche. *Peint d'après nature, par Brard, gravé par Honoré*. In-4. *Rare*.

374 — En buste dans un médaillon ovale. Elle est vue de trois quarts, coiffée d'un bonnet et tournée vers la droite *Dessinée et gravée d'après nature. Lelu, pin., mgc. sculp*. In-4.

375 — En buste dans un médaillon ovale. Elle est vue presque de face et coiffée d'un bonnet. Joli portrait in-8, gravé par Lips, d'ap. Bréa.

376 — En buste, coiffée d'un chapeau, par *Ronneville*. In-4. Très-belle ép.

377 — En buste dans un médaillon ovale. Elle est coiffée d'un bonnet et tournée vers la droite. Gravé par B. Gautier, d'ap. Bonneville. Petit in-4.

378 — En buste dans un médaillon ovale. Elle est vue de trois quarts, coiffée d'un chapeau et tournée vers la gauche. In-8. Au bas, quatre vers :

Quand Marat exhalait le poison de sa rage, etc.

377 — En buste dans un médaillon ovale. Elle est vue de trois quarts, coiffée d'un bonnet. *Von W. Ketterlinus*. 1793. Joli portrait in-8.

380 — A mi-corps, en Judith. Mermand, sculp. In-8.

Tandis que l'on tremblait au seul nom de Marat,
De ce monstre cruel, j'ai su purger l'Etat, etc.

381 — En buste dans un médaillon ovale. Elle est vue de trois quarts, coiffée d'un mouchoir noué derrière la tête et tournée vers la droite. Joli portrait en couleur. In-4. *A Abbeville, chez Picot. Rare.*

382 — En buste dans un médaillon ovale. Elle est vue de trois quarts, nu-tête et tournée vers la droite. *Vérité delin. G. Zatta*, sculp. In-4, à la manière du crayon à la sanguine. *Rare.*

383 — En buste dans un médaillon rond, par Levachez. Au-dessous, scène de l'assassinat, par Duplessis-Bertaux. In-fol. 2 ép.

384 — A mi-corps, coiffée d'un chapeau. Verhelst, sculp. Réduction in-8 de celui d'après Haver.

385 — 1794 En buste dans un médaillon ovale. *G. Kitson*, sculp. à Rotterdam. In-8

386 — Petit médaillon rond. *Bolt.*, sculp. 1794.

387 — Dans un médaillon ovale avec Marat. *Bonneville del.* In-8.

388 — Dans un médaillon ovale. Elle est coiffée d'un bonnet et tournée vers la gauche.

389 — Dans un médaillon ovale. Elle est nu-tête et tournée vers la gauche. *P. Sauvage del., J. Pass.* sculp. In-8.

390 — Dans un médaillon ovale. Elle est vue de trois quarts, coiffée d'un chapeau, avec nœud sur le devant et brides pendantes, tournée vers la droite. In-8.

391 — Charlotte Corday allant au supplice. Tiré des révolutions de Paris. In-8 en largeur.

392 — Charlotte Corday sur l'échafaud. On voit dans les nuages l'image du bourreau souffletant sa joue. In-8 en hauteur.

— La même pièce reemmargée.

393 — Tombeau de Charlotte Corday. On voit son médaillon sur une urne funéraire. Petit in-fol. en largeur.

PIÈCES MODERNES RELATIVES A CHARLOTTE CORDAY.

Scènes de l'assassinat, de l'arrestation.

PORTRAITS.

394 — Pub. by M. Jones. 1806. In-8.
Gravé par Geille, d'après l'original appartenant à M. Lecurieux. In-8.
Par Mme Fournier, d'après Marck. In-8.
Hopvood. In-8.
Metzmacher, d'après Gigoux. Petit in-fol.
Ransonnette, d'après Raffet. In-8.
Lith., par Maurin. In-fol.
Garnier. In-4.
Deveria. In-4.
Delpech, etc. In-8, etc.
35 pièces.
Scènes de l'assassinat, de l'arrestation. 13 pièces.
Maison où est née Charlotte Corday et château de Glatigny habité par elle. Lit. de D. Lancelot.
Sa maison, rue Saint-Jean, n° 148. Lith. de Drouin, dans la *Revue de Rouen*, n° 8.
Notice sur la maison habitée à Caen par Charlotte Corday, par M.-F. Demiau de Crouzilhac. Caen, 1852. Brochure.

Fac simile de la lettre écrite à son père le16 juillet.
Charlotte Corday, par Alphonse Esquiros.

Ce numéro pourra être divisé.

395 Chauveau-Lagarde, défenseur de Charlotte Corday, par Ambroise Tardieu. In-8.
Adam Lux, par Bonneville. Petit in-4.

MARAT.

396 Son portrait, par Sandoz, d'après Bonneville. Petit in-4.
Petit médaillon rond.
A Paris, chez Bance. In-8.
Loosjes excudit. 1793. Petit in-4.
Levachez. Au-dessous, la scène de Marat, porté en triomphe, par Duplessis-Bertaux.
Marat mort, d'après le plâtre moulé sur nature et gravé par Vérité. Petit in-4.
Dans un médaillon ovale sur l'obélisque qui figure son tombeau.
Tombeau de Marat, gravé par Née, d'après Pillement. In-fol. en largeur.
8 pièces.

Ce numéro pourra être divisé.

397 Le fameux ministre Pitt aiguisant les poignards avec lesquels il veut faire assassiner les défenseurs de la liberté des peuples. Le gros Georges Dandin tournant la roue. Caricature coloriée.

398 Sous ce numéro seront vendus par lots les pièces non cataloguées.

Renou et Maulde, imprimeurs de la Compagnie des Commissaires-Priseurs, rue de Rivoli, 144. 30748

N° 28	G. Duluxembourg	11	
56	Le Paon —	8	50
60	Louis Lesueur —	1	
94	Henry 4 —	1	25
202	Dumagne	10	
208	Richelieu	25	
e Mariamne 233	— —	8	
W. 272	Schnepper	17	
326	St Romain	7	50
		89 -	25
	frais	4	45
	Total	93	70
	206	3	15
		96.	85

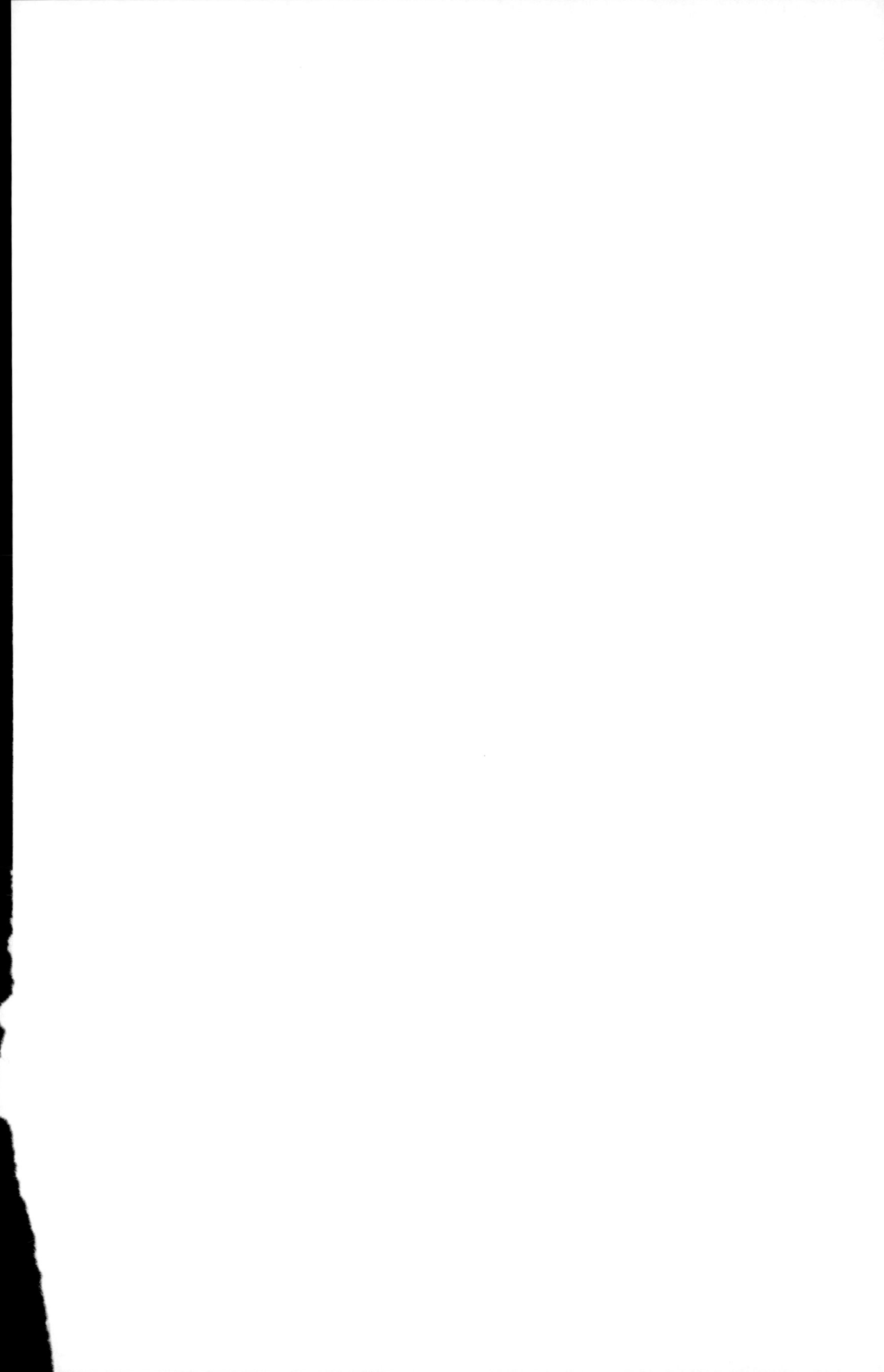

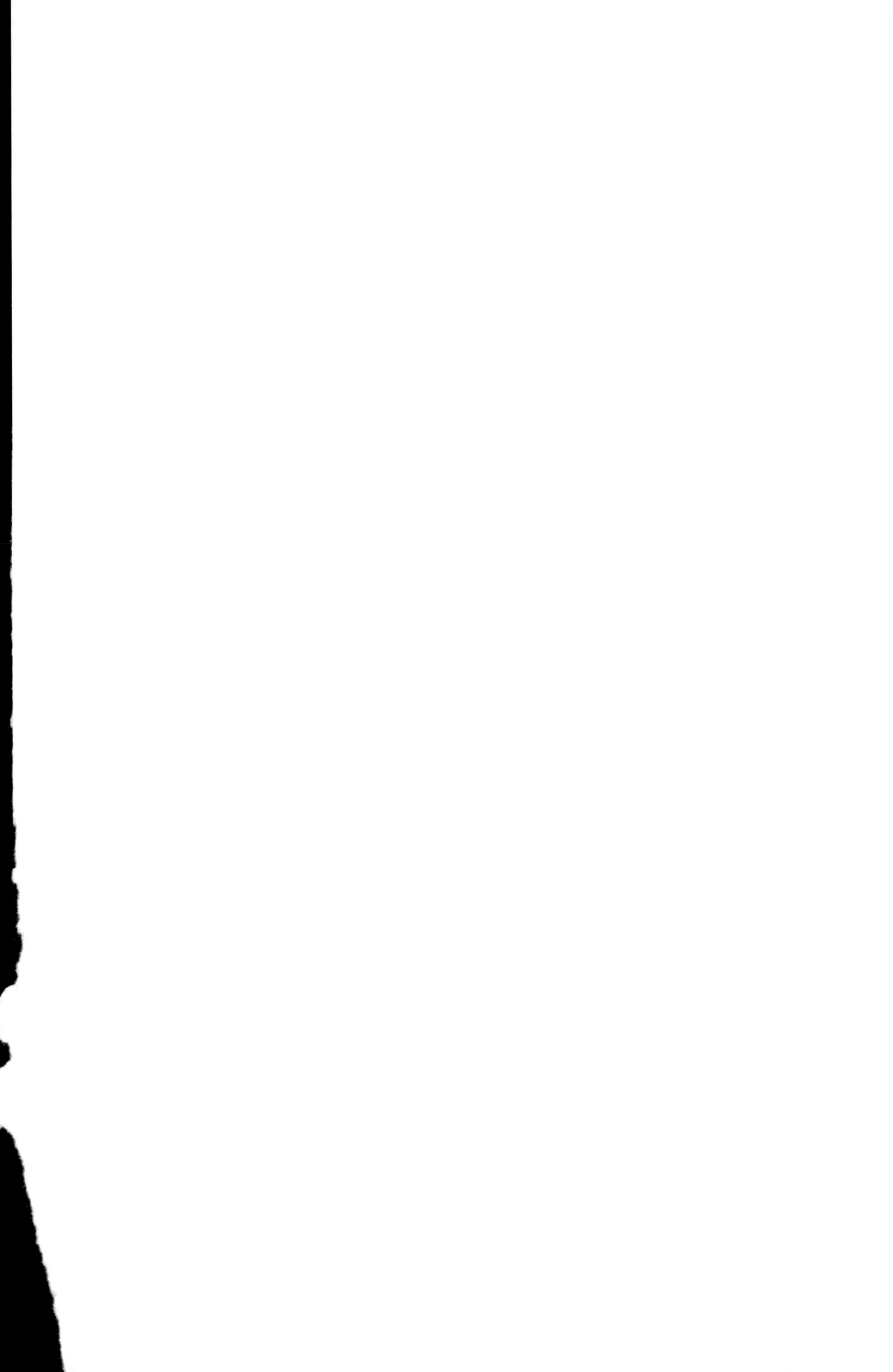

www.ingramcontent.com/pod-product-compliance
Ingram Content Group UK Ltd.
Pitfield, Milton Keynes, MK11 3LW, UK
UKHW020439180726
13839UKWH00004B/1561